Impressum
Verlag: BABADADA GmbH, Nedderfeld 112 , 22529 Hamburg
Geschäftsführer / Verlagsleitung: Harald Hof
Druck: Books on Demand GmbH, In de Tarpen 42, 22848 Norderstedt

Imprint
Publisher: BABADADA GmbH, Nedderfeld 112 , 22529 Hamburg, Germany
Managing Director / Publishing direction: Harald Hof
Print: Books on Demand GmbH, In de Tarpen 42, 22848 Norderstedt, Germany

škola

ښوونځی

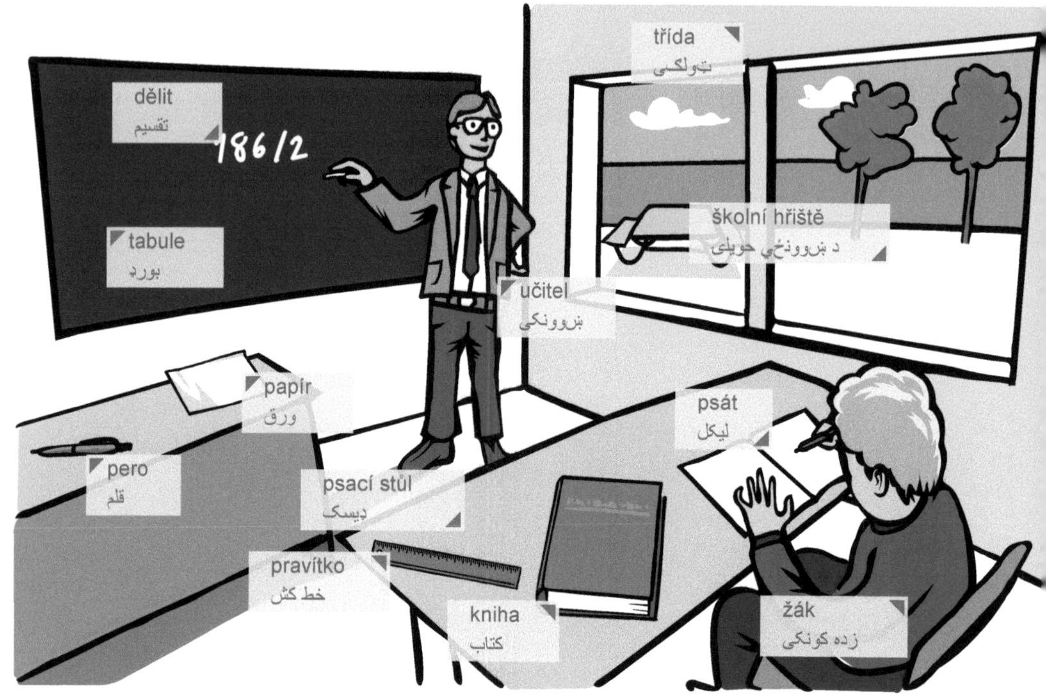

třída
ټولګی
dělit
تقسیم
186/2
tabule
بورډ
školní hřiště
د ښوونځي حویلی
učitel
ښوونکی
papír
ورق
psát
لیکل
pero
قلم
psací stůl
ډیسک
pravítko
خط کش
kniha
کتاب
žák
زده کونکی

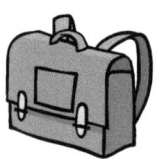

aktovka

کڅوړه

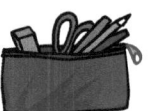

penál

د پنسل بکسه

tužka

پنسل

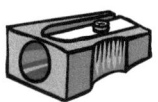

ořezávátko

پنسل تراش

guma

ربړ

blok na kreslení

د رسامی پاڼه

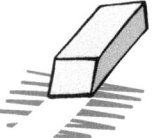

výkres

رسامي

štětec

د نقاشی برس

malířské potřeby

د نقاشی بکس

nůžky

قیچي

lepidlo

سریش

cvičebnice

د تمرین کتاب

domácí úkol

کورنی دنده

12

počet

شمیر

2+2

sčítat

جمع

5-2

odčítat

منفي

2×2

násobit

ضرب

počítat

حساب

A

písmeno

تورى

ABCDEFG HIJKLMN OPQRSTU VWXYZ

abeceda

الفبا

hello

slovo

کلمه

text

متن

číst

لوستل

křída

تباشیر

hodina

درس

třídní kniha

راجستر

zkouška

ازموینه

vysvědčení

تصدیق پاڼه

školní uniforma

د ښوونځي یونیفارم

vzdělání

تعلیم

encyklopedie

دایره المعارف

univerzita

پوهنتون

mikroskop

مایکروسکوپ

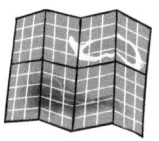

karta

نقشه

odpadkový koš na papír

اشغالدانی

hotel
هوټل

Grand

ubytovna
لیلیه

ROOMS

směnárna
د اسعارو د تبادلي دفتر

EXCHANGE

kufr
بکس

auto
موټر

jazyk

ژبه

ano / ne

هو/نه

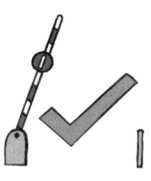

oukej

سمه ده

Ahoj!

سلام

překladatel

ژباړونکی

děkuji

مننه

Kolik stojí...?

څومره دي...؟

nerozumím

زه نه پوهيږم

problém

ستونزه

Dobrý večer!

ماښام مو پخير!

Dobré ráno!

سهار په خير!

Dobrou noc!

شپه په خير!

na shledanou

په مخه مو بښه

směr

لاربنرود

zavazadlo

سامان

taška

بيگ

batoh

شاتنی بکس

host

ميلمه

pokoj

خونه

spací pytel

د خوب کڅوړه

stan

خيمه

turistické informace

د توریزم معلومات

pláž

ساحل

kreditní karta

کریډیټ کارت

snídaně

ناری

oběd

د غرمي خواړه

večeře

د ښپي خواړه

jízdenka

ټیکټ

výtah

لفټ

poštovní známka

مهر

hranice

پوله

clo

ګمرک

poselství

سفارت

vízum

ویزه

pas

پاسپورټ

transport

ټرانسپورټ

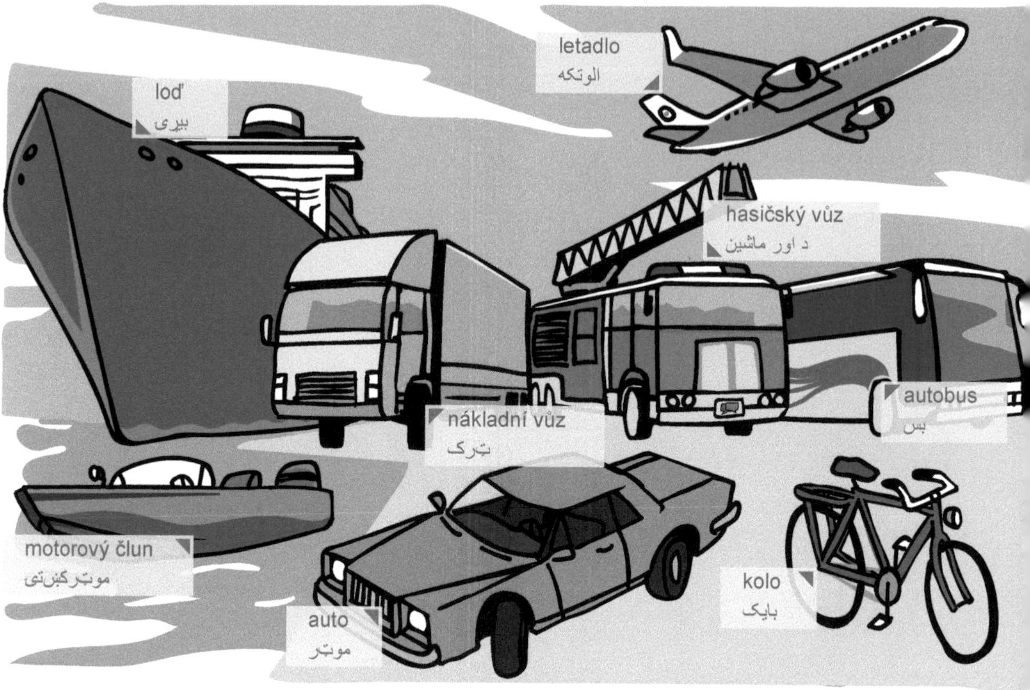

letadlo
الوتکه
loď
بېړۍ
hasičský vůz
د اور ماشين
autobus
بس
nákladní vůz
ټرک
motorový člun
موټرکښتۍ
kolo
بايک
auto
موټر

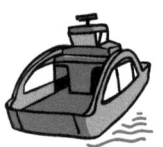

přívoz

کښتۍ

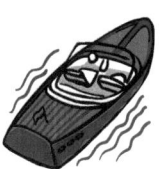

člun

کښتۍ

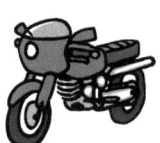

motorka

موټرسايکل

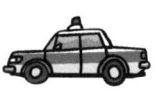

policejní auto

د پوليسو موټر

závodní auto

د ريس موټر

pronajaté auto

کرايي موټر

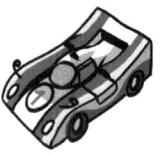

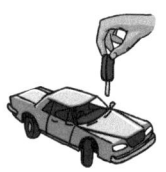

sdílení aut

د کرایه موټری

odtahová služba

جرثقیل لرونکی ټرک

popelářský vůz

ریفیوز ټرک

motor

موټر

palivo

سونګ توکي

čerpací stanice

پټرول سټیشن

dopravní značka

ترافیکي نښه

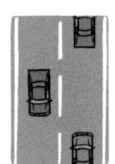

doprava

ترافیک

dopravní zácpa

جام ترافیک

parkoviště

د موټرو تمځای

vlakové nádraží

د ریل سټیشن

koleje

پټلي

vlak

ریل

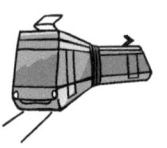

tramvaj

ټرام

vagón

واګون

helikoptéra

چورلکه

letiště

هوايي ډګر

věž

برج

pasažér

مسافر

kontejner

کانتينر

kartón

کارتون

trakař

کارت

koš

ټوکرۍ

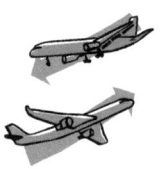

vzlétnout / přistát

الوتنه کول/کښېناستل

město

ښار

vesnice

کلی

střed města

د ښار مرکز

dům

کور

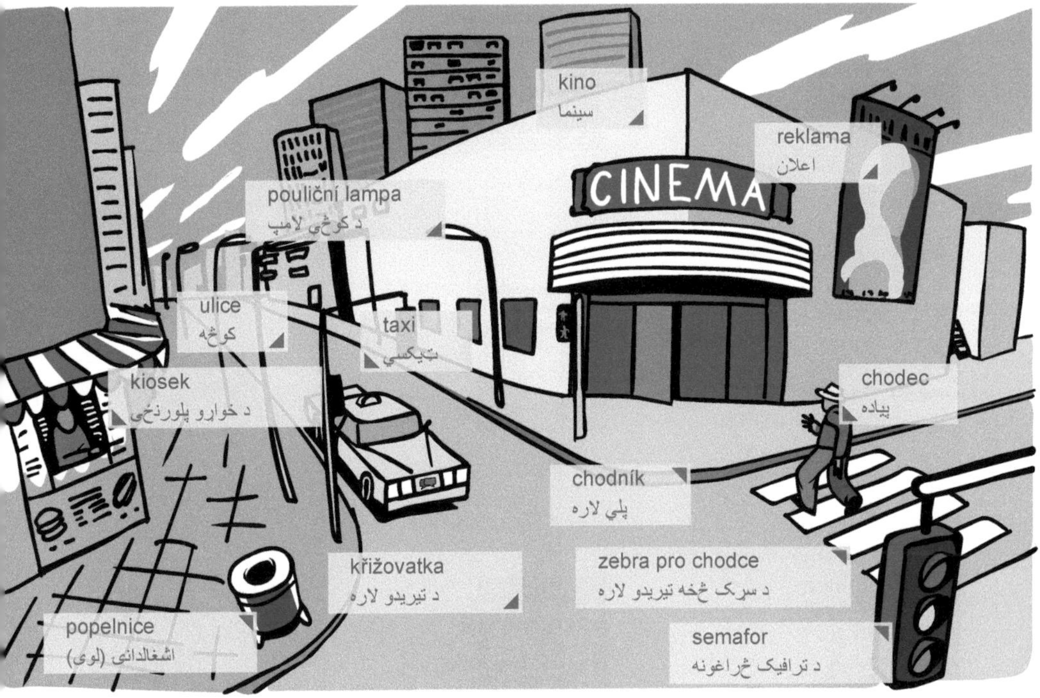

kino
سینما

reklama
اعلان

pouliční lampa
د کوڅې لامپ

CINEMA

ulice
کوڅه

taxi
ټیکسی

chodec
پیاده

kiosek
د خوارو پلورنځی

chodník
پلي لاره

křižovatka
د تیریدو لاره

zebra pro chodce
د سرک څخه تیریدو لاره

popelnice
اشغالدانۍ (لوی)

semafor
د ترافیک څراغونه

chata

کودله

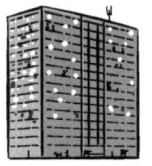

byt

اپارتمان

vlakové nádraží

د ریل ستیشن

radnice

ټاون هال

muzeum

میوزیم

škola

ښوونځی

univerzita

پوهنتون

banka

بانک

nemocnice

روغتون

hotel

هوټل

lékárna

درملتون

kancelář

دفتر

knihkupectví

کتاب پلورنځی

obchod

پلورنځی

květinářství

د ګلانو پلورنځی

supermarket

لوی پلورنځی

tržnice

مارکیټ

obchodní dům

د دیپارټمنټ سټور

rybárna

کب پلورنځی

nákupní centrum

د پلور مرکز

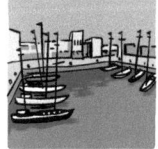

přístav

لنگرتون

park

پارک

lavička

بینچ

most

پل

schody

زینه

metro

د خُمکي لاندي

tunel

تونل

autobusová zastávka

بس تمځای

bar

بار

restaurace

ریستورانت

poštovní schránka

پوست بکس

pouliční tabule

د کوڅی نښه

parkovací hodiny

د پارک کولو میتر

zoo

ژوبڼ

plovárna

د لامبو حوض

mešita

مسجد

usedlost

کرونده

znečišťování životního prostředí

ناپاکي

hřbitov

هدیره

církev

چرچ

hřiště

د لوبو ډګر

chrám

معبد/کلیسا

krajina

منظره

list

پاڼه

rozcestník

د لاریروونی نښه

cesta

لاره

louka

چمن

kámen

کانی

turista

هیکر

strom

ونه

řeka

سیند

tráva

واښه

květina

ګل

ú
údolí
....
دره

hora
....
غوندی

jezero
....
ناور

les
....
ځنګل

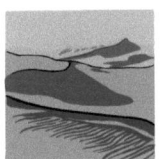

poušť
....
دشته

sopka
....
اورشیندی

zámek
....
کلا

duha
....
رنگین کمان

houba
....
مرخیري

palma
....
پلم ونه

komár
....
ماشي

moucha
....
الوتل

mravenec
....
میږی

včela
....
مچی

pavouk
....
غوندی/جولا

brouk

گونکت

žába

چونگبشه

veverka

نولی

ježek

زیزکی

zajíc

سوی

sova

گونگ

pták

مرغی

labuť

قازه

divoké prase

نرخوک

jelen

هوسی

los

گاوزه

přehrada

بند

větrné kolo

بادي توربين

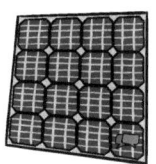

solární panel

سولر تختی

podnebí

اقلیم

restaurace
ریسټورانټ

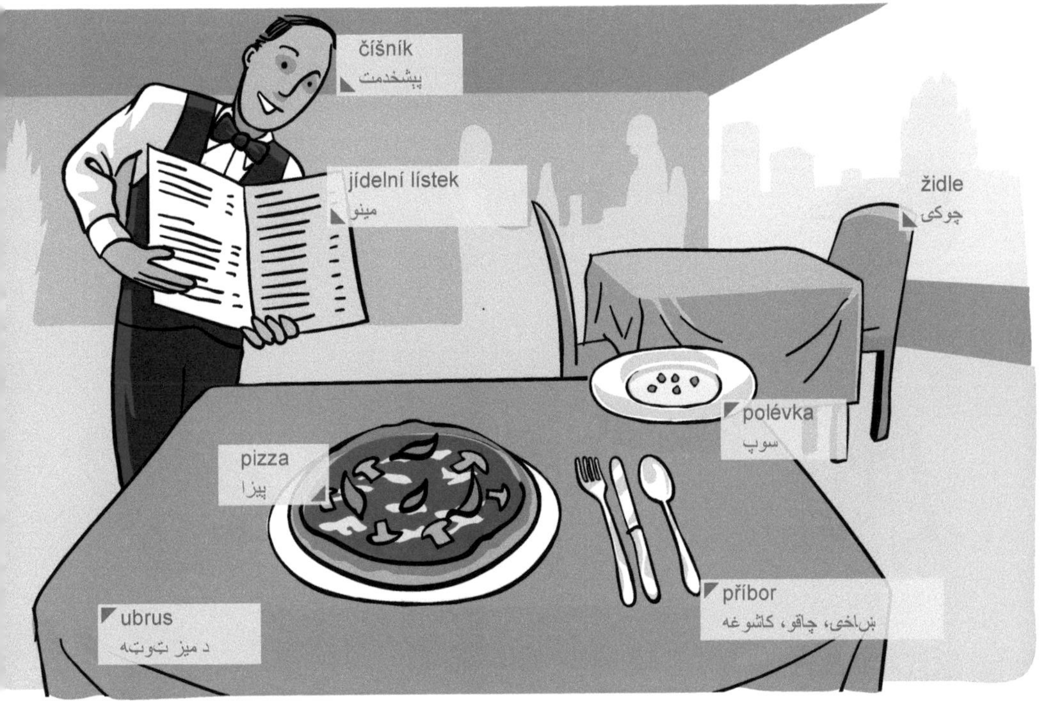
číšník
پیشخدمت
jídelní lístek
مینو
židle
چوکۍ
polévka
سوپ
pizza
پیزا
příbor
بڼاخۍ، چاقو، کاشوغه
ubrus
د میز پټوټه

předkrm
سټارټر

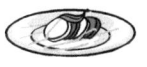

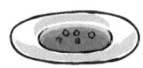

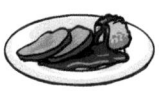

hlavní chod
اصلي خواړه

dezert
شیریني

nápoje
څښاک

jídlo
خواړه

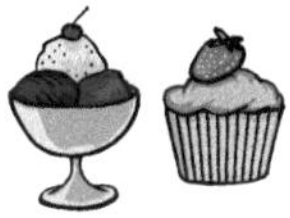

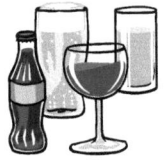

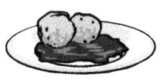

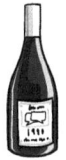

láhev
بوتل

rychlé občerstvení

فاست فود

pouliční občerstvení

د کوڅې خواړه

čajová konvice

چای جوش

cukřenka

قندانی

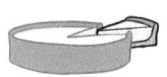

porce

برخه

kávovar na espresso

آسپرسو مشین

dětská stolička

لوړه چوکی

faktura

رسید

tác

مجمه

nůž

چاکو

vidlička

پنجه

lžíce

قاشق

čajová lyžička

چای قاشق

ubrousek

سورویت

sklenička

ګلاس

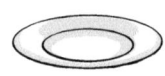

talíř

پلیت

talíř na polévku

د سوپ پلیت

podšálek

نالبکی

omáčka

ساس

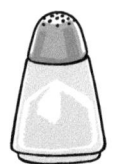

slánka

مالګه شیندونکی

mlýnek na pepř

د مرچ ټکولو لوخی

ocet

سرکه

olej

غوړي

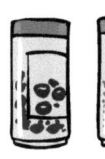

koření

مساله

kečup

کچ اپ

hořčice

شرشم

majonéza

چکه

nabídka
خانگری ورانديز

zákazník
پیرودونکی

mléčné výrobky
لبنيات

nákupní vozík
لاسي چرخ

ovoce
ميوه

masna

قصابي

pekařství

نانوایی

vážit

وزن کول

zelenina

سبزيجات

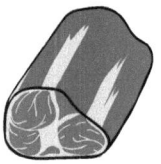

maso

غوښه

mražené potraviny

کنګل خواړه

obložený talíř

یخه غوښه

konzervy

کنسروا خوارہ

prací prášek

د مینځلو پودر

cukrovinky

شیرینی

výrobky pro domácnost

کورني تولیدات

čisticí prostředek

د پاکولو محصولات

prodavačka

د پلور فرد

pokladna

د نغدي راجستر

pokladní

صراف

nákupní seznam

د پیرود لیست

otevírací doba

کاري ساعتونه

peněženka

بټوه

kreditní karta

کریډیټ کارت

taška

کڅوړه

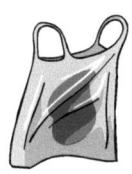

igelitová taška

پلاستیک کڅوړه

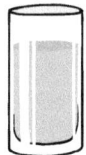

voda

اوبه

džus

جوس

mléko

شيده

kola

كوك

víno

واين

pivo

بير

alkohol

الكول

kakao

ككاو

čaj

چای

káva

كافي

espresso

أسپرسو

kapučíno

كپچينو

banán

كيله

jablko

منه

pomeranč

نارنج

meloun

هندوانه

citrón

ليمو

mrkev

گازره

česnek

هوره

bambus

بانكس

cibule

پياز

houba

مرخيري

ořechy

چغزى

těstoviny

آش

špageti

سپیگټي

rýže

وریجي

salát

سلاد

hranolky

چیپس

americké brambory

سره کړي کچالو

pizza

پیزا

hamburger

همبرګر

sendvič

ساندویچ

řízek

کتره

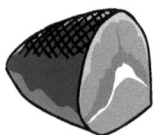

šunka

د پتون غوښه

salám

سلمي

salám

ساساج

kuře

چرګ

pečeně

روسټ

ryby

کب

ovesné vločky

د وربشي شيرني

müsli

موسلي

vločky

د جوار پلی

mouka

اوړه

croissant

کروسانت

houska

د ډوډۍ رول

chléb

ډوډۍ

toast

ټوسټ

sušenky

بسکيټ

máslo

کوچ

tvaroh

چکه

buchta

کيک

vejce

هګۍ

volské oko

پخې هګۍ

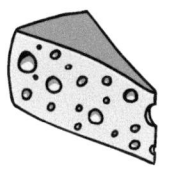

sýr

پنير

zmrzlina

آيس كريم

cukr

بوره

med

شهد

marmeláda

مربا

nugátový krém

نوكات كريم

kari

كوركمان

usedlost
کرونده

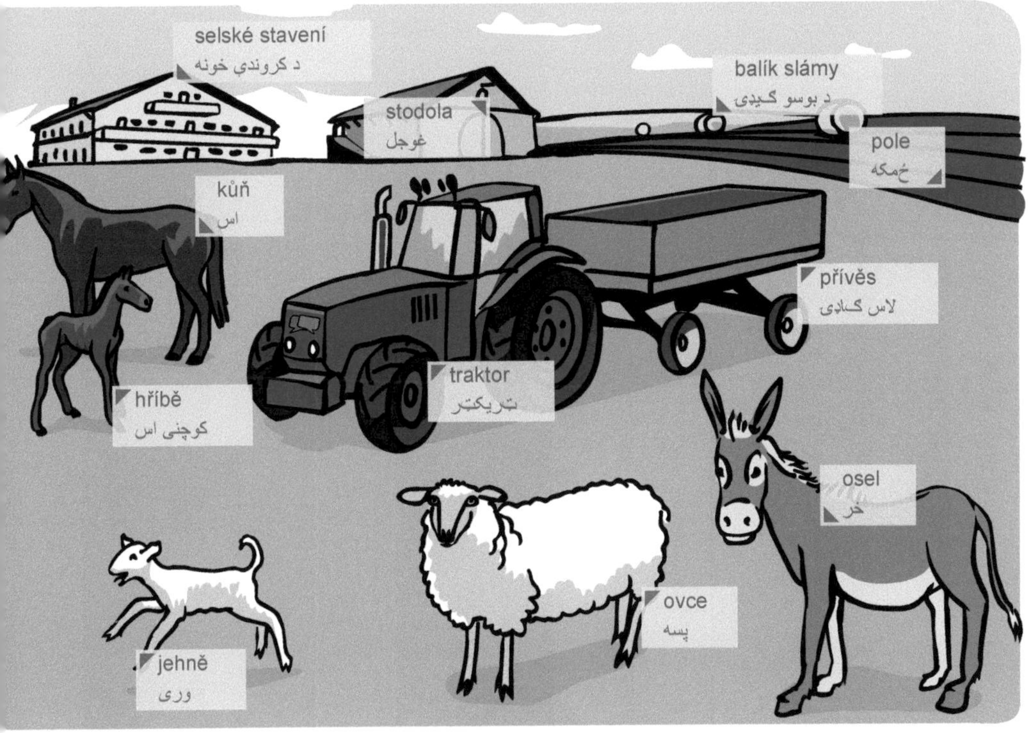

selské stavení
د کرونديٍ خونه
balík slámy
د بوسو گیدی
stodola
غوجل
pole
ځمکه
kůň
اس
přívěs
لاس گاډی
traktor
تریکتر
hříbě
کوچنی اس
osel
خر
ovce
پسه
jehně
وری

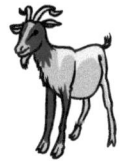

koza

وزه

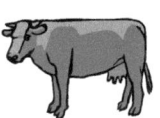

kráva

غوا

tele

خوسکی

prase

خوگ

sele

د خوگ بچی

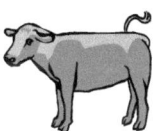

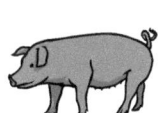

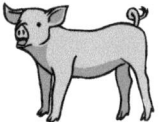

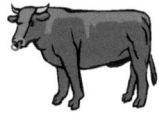

býk

غویی

husa

بتّه

kachna

هیلی

kuře

چرګوړی

slepice

چرګه

kohout

بانګي

krysa

سارای موږک

kočka

پيشک

myš

موږک

vůl

غویی

pes

سپی

psí bouda

د سپي خونه

zahradní hadice

د باغ هوز

kropicí konev

د اوبو لوخی

kosa

لور (داس)

pluh

یوی

srp

لور

motyka

رمبی

vidle

بښاخی

sekera

تبر

kolecko

کراچی

koryto

ناوه

konev na mléko

د شیدو لوخی

pytel

جوال

plot

کتاره

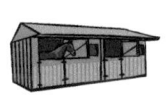

stáj

مضبوط

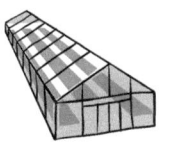

skleník

شنه خونه

půda

خاوره

osivo

تخم

hnojivo

سره/کود

kombajn

کد ریبونکی ماشین

sklidit

زیرمه کول

sklizeň

درمند

smldinec

خوار.ه کچالو

pšenice

غنم

sója

سویا

brambora

کچالو

kukuřice

جوار

řepka

نباتي تخم

ovocný strom

د میوی ونه

maniok

مانیوک

obilí

غله

dům
کور

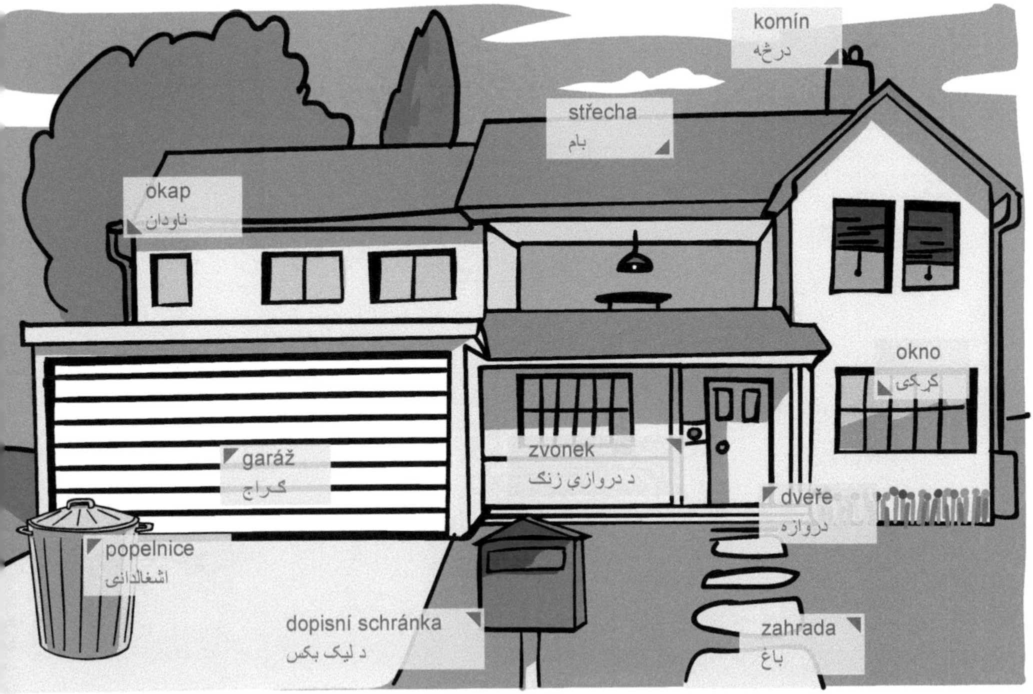
komín
درڅه
střecha
بام
okap
ناودان
okno
کړکۍ
garáž
ګراج
zvonek
د دروازې زنګ
dveře
دروازه
popelnice
اشغالدانی
dopisní schránka
د لیک بکس
zahrada
باغ

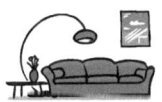

obývací pokoj
....
د اوسیدو خونه

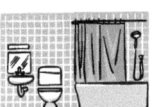

koupelna
....
حمام

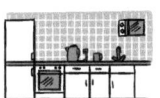

kuchyně
....
پخلنځی

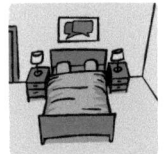

ložnice
....
د ویده کیدو خونه

dětský pokoj
....
د ماشوم خونه

jídelna
....
د خواړو خونه

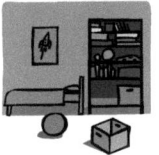

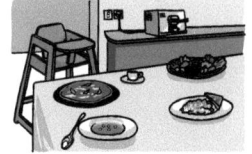

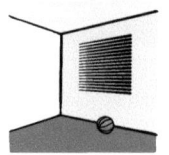

podlaha

فرش

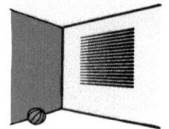

zeď

ديوال

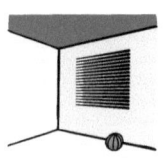

deka

چت

sklep

زيرخانه

sauna

سونا

balkón

بالكوني

terasa

تراس

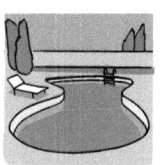

bazén

حوض

sekačka na trávu

د چمن وهلو ماشين

ložní prádlo

شيت

lůžková přikrývka

روجايی

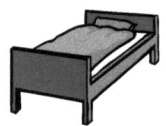

postel

تخت

smeták

جارو

kýbl

بوكه

vypínač

سويچ

obývací pokoj
د اوسیدو خونه

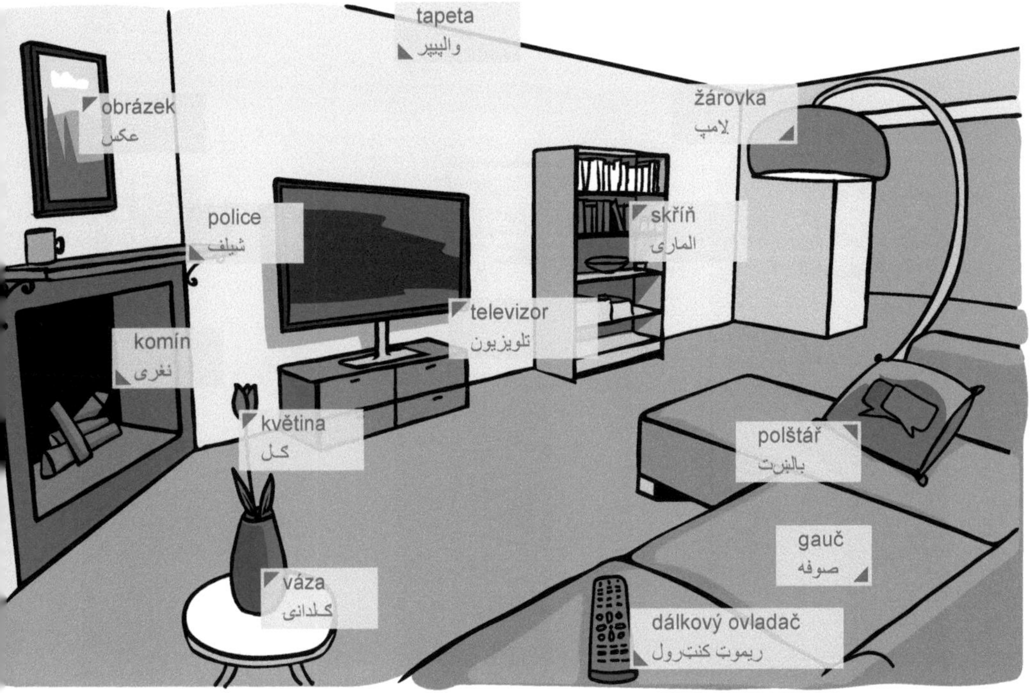
tapeta
والپیپر
obrázek
عکس
žárovka
لامپ
police
شیلف
skříň
الماری
televizor
تلویزیون
komín
نغری
květina
گل
polštář
بالښت
gauč
صوفه
váza
گلدانی
dálkový ovladač
ریموټ کنټرول

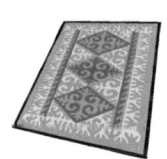

koberec

غالی

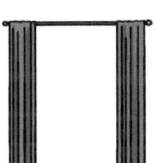

závěs

پرده

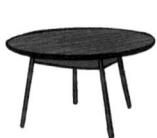

stůl

میز

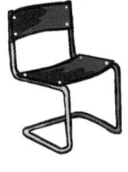

židle

چوکی

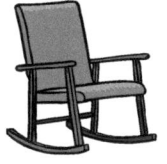

houpací křeslo

تاویدونکې چوکی

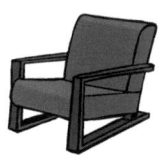

křeslo

بازو لرونکی چوکی

kniha

كتاب

strop

كمپل

ozdoba

ديكوريشن

palivové dříví

د اور لرګي

film

فلم

stereo souprava

هايفای

klíč

کلي

noviny

ورځپاڼه

malba

نقاشی

plakát

پوسټر

rádio

راديو

poznámkový blok

کتابچه

vysavač

واكيوم جارو

kaktus

كاكتوس

svíce

شمع

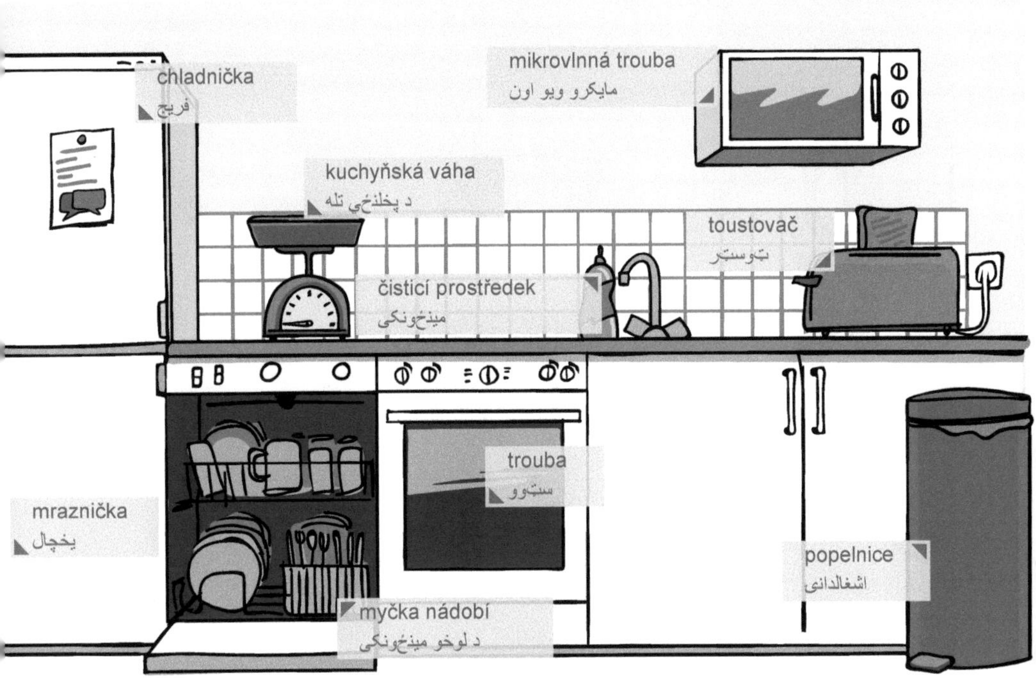

chladnička
فریج

mikrovlnná trouba
مایکرو ویو اون

kuchyňská váha
د پخلنځي تله

čisticí prostředek
مینځونکی

toustovač
ټوسټر

mraznička
یخچال

trouba
سټوو

myčka nádobí
د لوخو مینځونکی

popelnice
اشغالدانی

sporák

دیگ بخار

hrnec

لوخی

litinový hrnec

چدني لوخی

wok / kadai

ووک

pánev

د تلی په

varná konvice

چای جوش

parní hrnec

....

د بخار دیگ

plech na pečení

....

پتنوس

nádobí

....

لوخي

hrnek

....

مگ

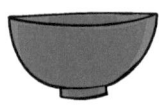

miska

....

کاسه

jídelní hůlky

....

د رانیولو اوزار

naběračka

....

څمڅۍ

obracečka

....

کفگیر

metla

....

پاکونکی

síto

....

صافي

cedník

....

غلبیل

struhadlo

....

کریټر

hmoždíř

....

اونګ

gril

....

بار بي کیو

ohniště

....

خلاص اور

prkénko na krájení

تخته

váleček na těsto

هوارونکی

vývrtka

کارک سکریو

dóza

ټيم

otvírák na konzervy

د ټيم خلاصونکی

chňapka

د لوخي ټوټه

umyvadlo

ظرف شوی

kartáč na nádobí

برس

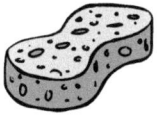

houba

سپنج

mixér

بليندر

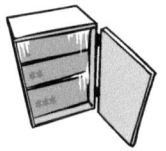

mrazák

ژور يخچال

dětská lahev

د ماشوم بوتل

kohoutek

نل

koupelna
حمام

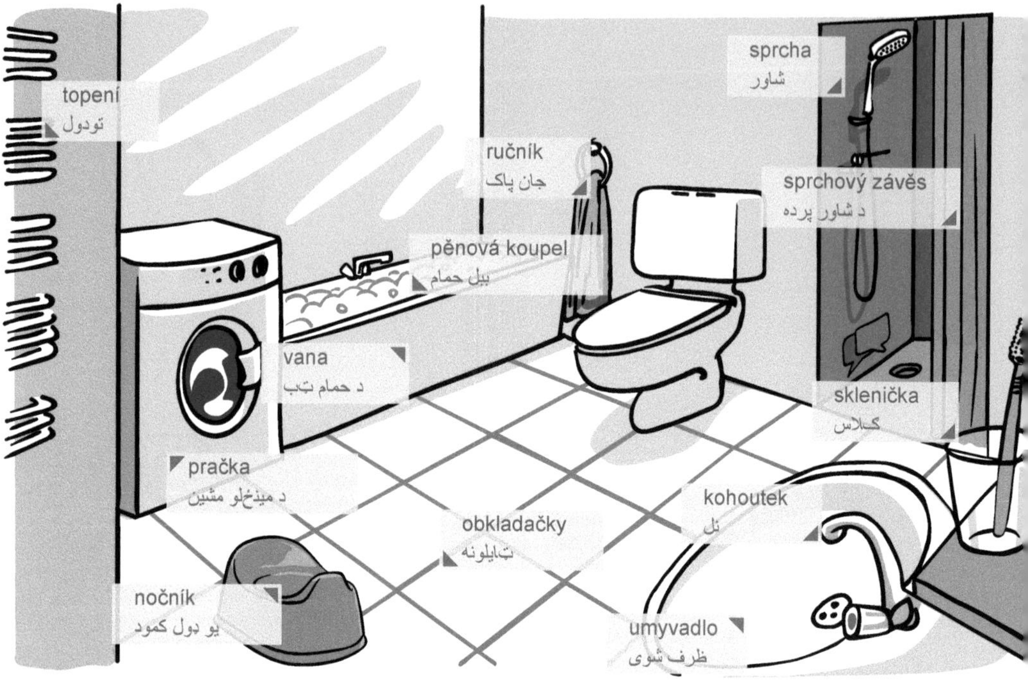
topení
تودول
ručník
جان پاک
sprcha
شاور
sprchový závěs
د شاور پرده
pěnová koupel
بیل حمام
vana
د حمام ټب
pračka
د مینځلو مشین
obkladačky
ټایلونه
kohoutek
نل
sklenička
گلاس
nočník
یو دول کمود
umyvadlo
ظرف شوی

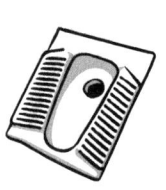

záchod

تشناب

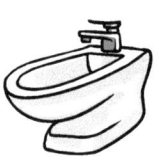

turecký záchod

فرشي کمود

bidet

کمود

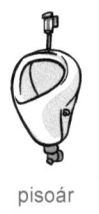

pisoár

د متیازو ځای

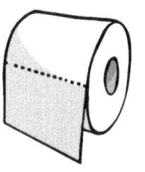

toaletní papír

تشناب کاغذ

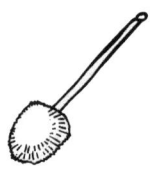

záchodová štětka

د تشناب برس

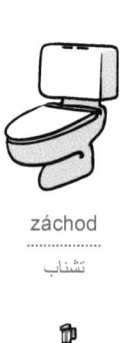

zubní kartáček

د غاښونو برس

zubní pasta

د غاښونو کریم

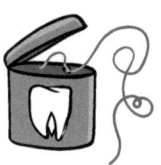

zubní niť

د غاښونو نخ

mýt

مینځل

ruční sprcha

لاسي شاور

intimní sprcha

دوش

umyvadlo

خانک

kartáč na záda

د شا برس

mýdlo

صابون

sprchový gel

د شاور ژل

čampón

شامپو

žínka

فلانل جامه

odpad

وچول

krém

کریم

deodorant

سپری

zrcadlo

آینه

kosmetické zrcátko

لاسي آینه

holicí strojek

ریزر

pěna na holení

د خریلو فوم

voda po holení

د خریلو وروسته

hřeben

کمنځ

kartáč

برس

fén

د ویښتانو وچونکی

lak na vlasy

د ویښتانو سپری

makeup

میک اپ

rtěnka

لیپ ستیک

lak na nehty

د نوکانو پالش

vata

کاتن وری

nůžky na nehty

ناخن گیر

parfém

عطر

aška s toaletními potřebami

د مينځلو كڅوړه

stolička

ستول

váha

د وزن كولو تله

župan

د حمام پوښاك

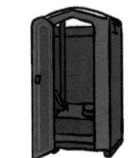

gumové rukavice

د ربړ دستكش

tampón

تامپون

dámská vložka

صحیی جان پاک

chemická toaleta

كيميكل تشناب

dětský pokoj
د ماشوم خونه

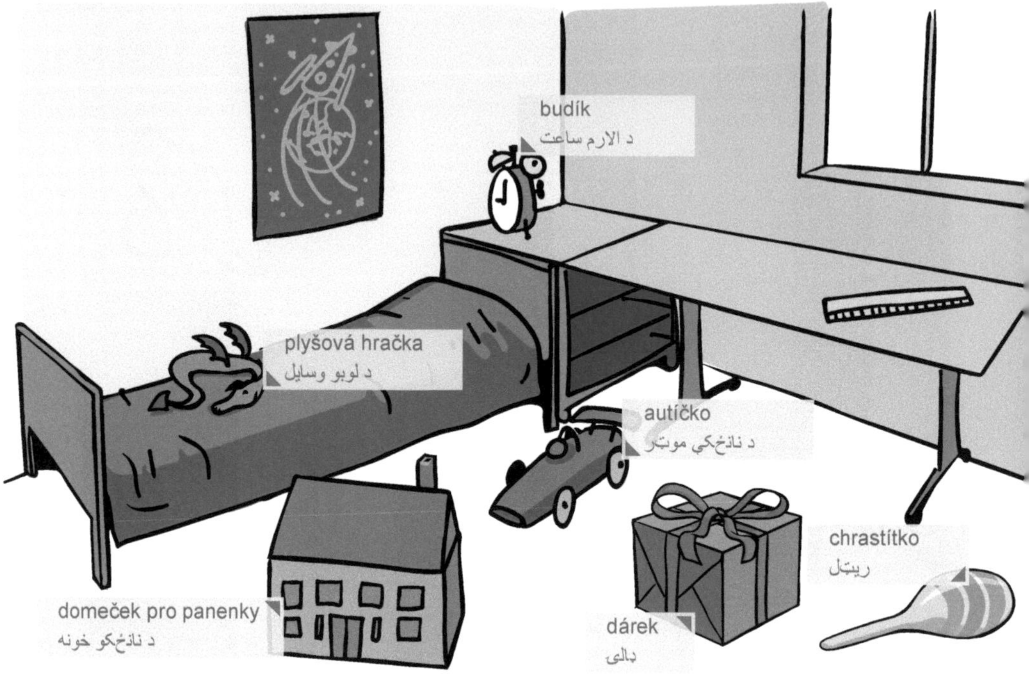

budík
د الارم ساعت
plyšová hračka
د لوبو وسایل
autíčko
د ناڅکي موټر
chrastítko
ريبټل
domeček pro panenky
د ناڅکو خونه
dárek
ډالۍ

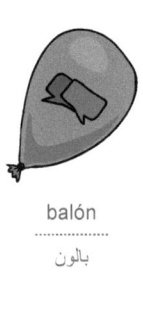

balón

بالون

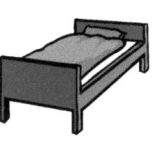

postel

تخت

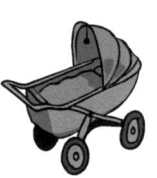

kočárek

كالسكه

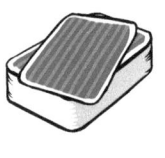

balíček karet

د لوبو ورقي

puzzle

جيګسا

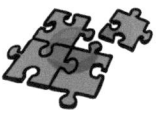

komiks

مسخره

lego kostky

ليګو بريک

stavebnice

د ناڅخګو بلاک

akční figurka

د اکشن فيګور

dupačky

د ماشوم پوښاک

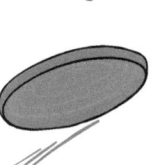

frisbee

فريزبي

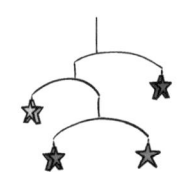

závěsné hračky nad postýlku

موبايل

desková hra

بورد لوبه

kostky

تاس

modelová železnice

مادل ريل سيټ

dudlík

ګونګشى

oslava

پارټي

obrázková kniha

د عکسونو البوم

míč

بال

panenka

ناڅخکه

hrát si

لوبيدل

pískoviště

د ش‍ګو کنده

houpačka

سوينګ

hračky

ناڅ‍ح‍کی

hrací konzole

د ويديو لوبو کنسول

tříkolka

ټرای سايکل

medvídek

ک‍وﻧ‍که

šatník

د کالو الماری

oblečení

ponožky

جرابی

punčochy

لوړي جرابي

punčochové kalhoty

ټايټس

šála
زړوکی

pásek
کمربند

deštník
چترۍ

tričko
ټي شرټ

tenisky
سنيکر

kozačky
بوټان

domácí obuv
سليپر

sandály
....
سينډل

obuv
....
بوټان

holínky
....
د ربر بوټان

spodní prádlo
....
زيرنيکري

podprsenka
....
سينه بند

nátělník
....
واسکټ

body

بادي

kalhoty

پتلون

džíny

جينز

sukně

لمن

blůza

بلاوز

košile

شرت

svetr

بنيان

mikina

سويتر

blejzr

بليزر

bunda

جاكت

kabát

كوت

pláštěnka

د باران كوت

kostým

پوښاک

šaty

كالي

svatební šaty

د واده پوښاک

46   oblečení - پوښاک

oblek

دريشي

noční košile

د شپې پوښاک

pyžamo

پاجامه

sárí

ساري

šátek na hlavu

لوپټه

turban

پټکی

burka

برقه

kaftan

کفتن

abája

عبا

plavky

د لامبو پوښاک

pánské plavky

نیکر

kraťasy

شارټ

tepláková souprava

د جغاستي پوښاک

zástěra

پیش بند

rukavice

دستکش

oblečení - پوښاک   47

knoflík

بتٌن

brýle

عینک

náramek

لاس بند

náhrdelník

غاړه کۍ

prsten

ګوتمه

náušnice

غوږوالۍ

čepice

خولۍ

ramínko

کوټ بند

klobouk

خولۍ

kravata

نٌکایی

zip

ځنځير

helma

هیلمیت

kšandy

ترونکۍ

školní uniforma

د ښوونځي يونيفارم

uniforma

يونيفارم

bryndák
....
بيب

dudlík
....
گونكشى

plena
....
نپيي

server
سرور

kartotéka
د دوسيه المارى

tiskárna
پرينتر

monitor
مانيټور

papír
ورق

psací stůl
ډيسک

myš
ماوس

šanon
فولډر

klávesnice
كي بورډ

odpadkový koš na papír
اشغالدانى

počítač
كمپيوتر

židle
چوكى

hrnek na kávu
....
د كافي پياله

kalkulačka
....
كالكوليتر

internet
....
انټرنيټ

notebook

لپ تاپ

dopis

کیل

zpráva

پیغام

mobil

موبایل

síť

نیتورک

kopírka

فوتوکاپیر

software

سافتویر

telefon

تلیفون

zásuvka

پلک ساکت

fax

فکس مشین

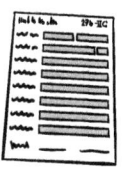

formulář

فارم

dokument

سند

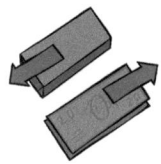

nakupovat

پیرل

zaplatit

تادیه کول

jednat

سوداگري کول

peníze

پیسي

dolar

ډالر

euro

یورو

jen

ین

rubl

ربل

frank

سویسي فرانک

juan

رینمینبي یوان

rupie

روپۍ

bankomat

د نغدي پیسو څای

směnárna

د اسعارو د تبادلي دفتر

zlato

سره زر

stříbro

سپین زر

olej

تیل

energie

انرژي

cena

نرخ

smlouva

قرارداد

daň

مالیه

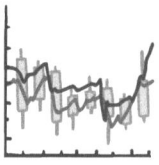

akcie

اسهام

pracovat

کار کول

zaměstnanec

کارمند

zaměstnavatel

کار ګومارونکی

továrna

فابریکه

obchod

پلورنځی

povolání
مسلکونه

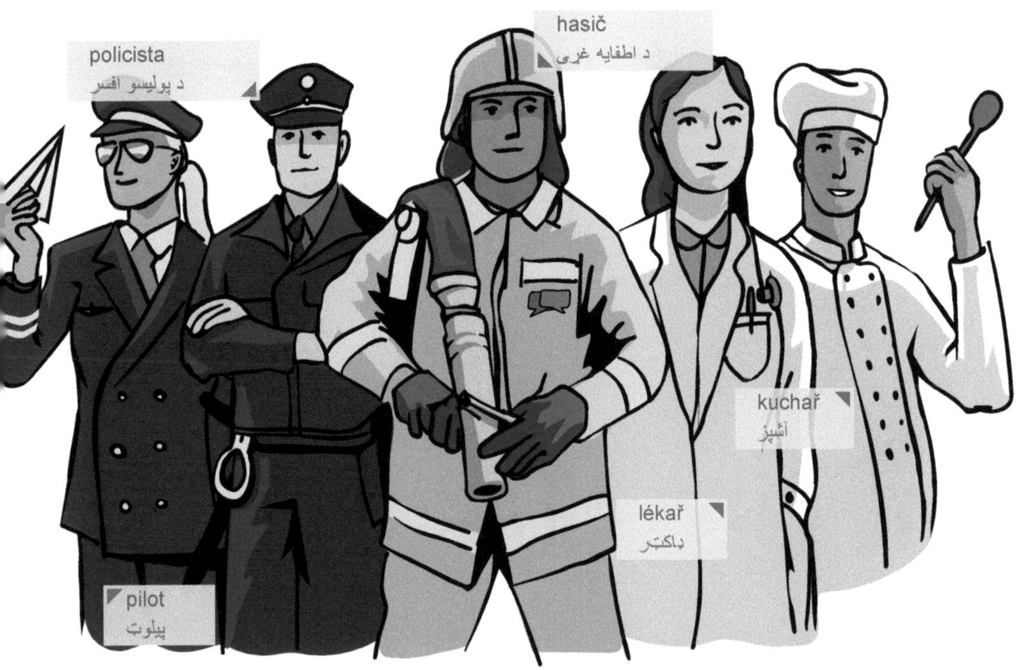
hasič
د اطفایه غړی
policista
د پولیسو افسر
kuchař
آشپز
lékař
ډاکټر
pilot
پیلوټ

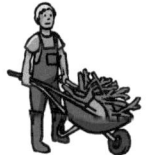

zahradník
....
باغوان

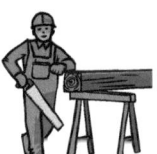

truhlář
....
نجار

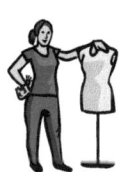

švadlena
....
خیاط

soudce
....
قاضي

chemik
....
کیمیا پوه

herec
....
د فلم لوبغاړی

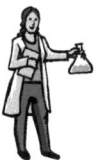

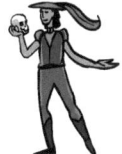

řidič autobusu

د بس درايور

řidič taxi

د ټيکسي درايور

rybář

کب نيونکی

uklízečka

خدمه

pokrývač

بام جوړونکی

číšník

پيشخدمت

myslivec

ښکاري

malíř

نقاش

pekař

نانوا

elektrikář

د بريښنا کارکونکی

stavební dělník

تعمير جوړونکی

inženýr

انجنير

řezník

قصاب

klempír

نلدوان

listonoš

پوست رسونکی

voják

سرتيرى

architekt

مهندس

pokladní

صراف

florista

ماليار

kadeřník

نايى

průvodčí

كليندر

mechanik

ميكانيك

kapitán

كپتان

zubař

د غاښونو ډاكتر

vědec

ساينس پوه

rabín

بش‌اغلى

imám

امام

mnich

مذهبي نفر

duchovní

پادري

nářadí

لوازم

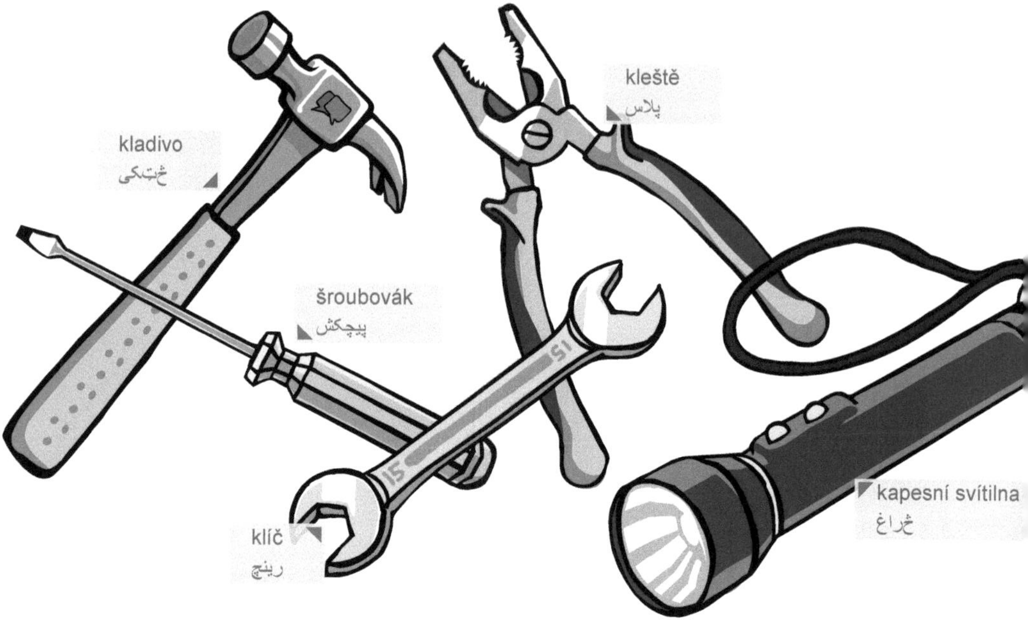
kladivo
څټکی
kleště
پلاس
šroubovák
پیچکش
klíč
رینچ
kapesní svítilna
څراغ

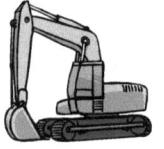

bagr
کنستونکی

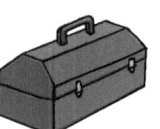

skříň na nářadí
د لوازمو بکس

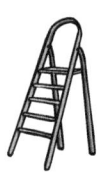

žebřík
زینه

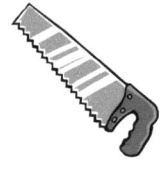

pila
اره

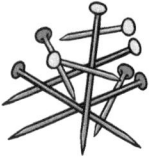

hřebíky
میخونه

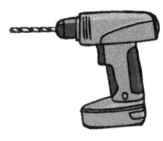

vrtačka
برمه

opravit

ترمیم کول

lopata

بیل

Kurva!

لعنت!

lopatka

خاک انداز

vědroé na barvu

مشوانۍ

šrouby

پیچونه

hudební nástroje

د میوزیک آلات

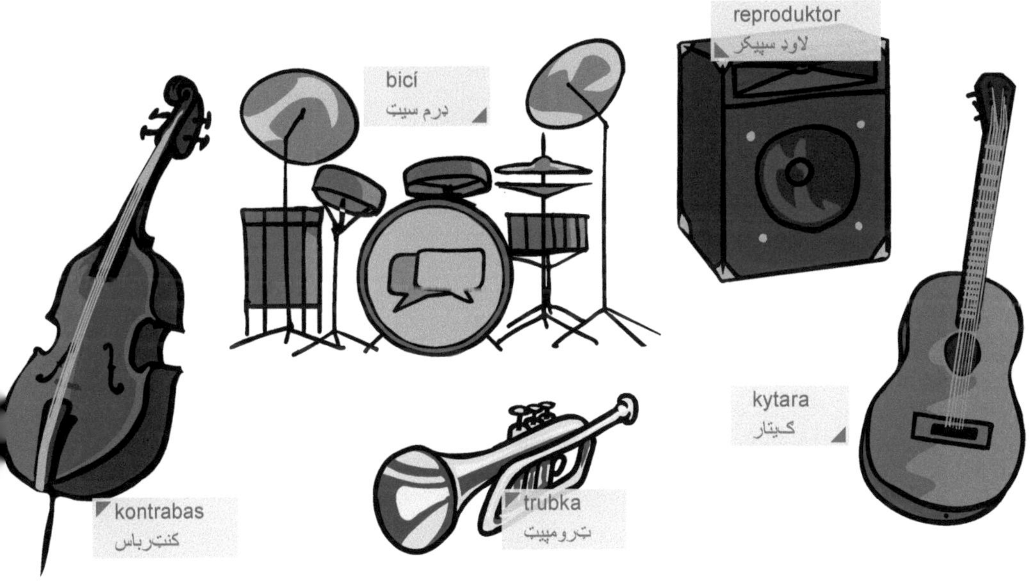

reproduktor
لاود سپیکر

bicí
درم سیټ

kontrabas
کنتریاس

trubka
ترومپیټ

kytara
ګیتار

klavír

پیانو

housle

وایلن

basa

باس

tympán

نغاره

bubny

ډرمونه

keyboard

کي بورد

saxofon

سیکسافون

flétna

شپیلی

mikrofon

مایکروفون

ZOO

ژوبڼ

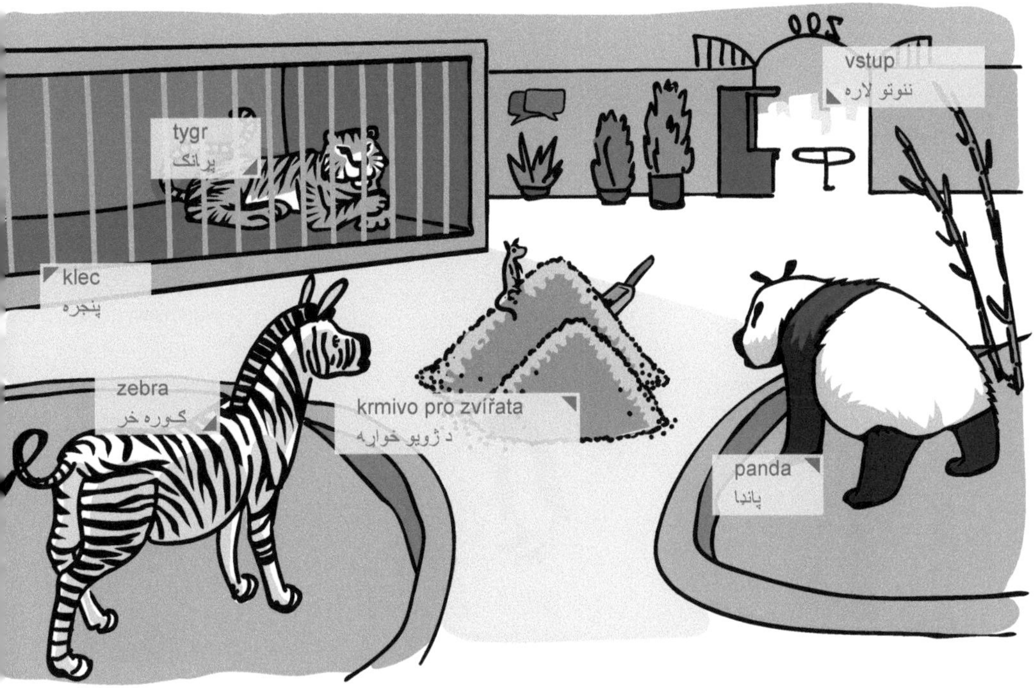
tygr
پړانګ
klec
پنجره
zebra
ګوره خر
krmivo pro zvířata
د ژويو خواړه
panda
پانډا
vstup
ننوتو لاره

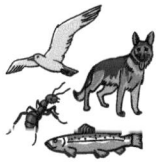

zvířata

ژوی

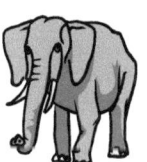

slon

هاتي

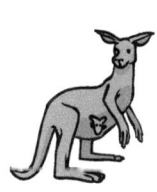

klokan

کنګرو

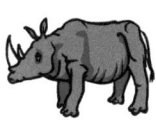

nosorožec

د اوبو اسپ

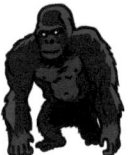

gorila

ګوريلا

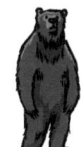

medvěd

ايږه

velbloud

اوښ

pštros

 شترمرغ

lev

زمری

opice

بيزو

plameňák

غزی

papoušek

طوطي

lední medvěd

قطبي ايريه

tučňák

پينگوين

žralok

شارک

páv

طاوس

had

مار

krokodýl

تمساح

ošetřovatel zvířat

ژوبڼ ساتونکی

tuleň

سيل

jaguár

جگوار

poník

یابو

leopard

پړانگ

hroch

هیپو

žirafa

زرافه

orel

باز

divoké prase

نرخوک

ryby

کب

želva

شمشتی

mrož

سمندري نولی

liška

گیدره

gazela

هوسی

americký fotbal
امریکایی فټبال

cyklistika
سایکل چلول

tenis
تینیس

košíková
باسکیټبال

plavání
لامبو

box
باکسینګ

lední hokej
د کنګل هاکي

kopaná

فټبال

badminton

کسیزه

lehká atletika

د خغاستی لوبی

házená

د هندبال

běh na lyžích

سکي

vodní pólo

پولو

smát se
خندل

skočit
ټوپ وهل

objímat
غاړه ورکول

jít
کرخيدل

zpívat
سندري ويل

snít
خوب ليدل

modlit se
عبادت کول

políbit
مچو کول

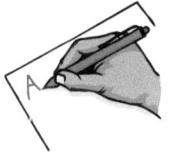

psát
ليکل

kreslit
کښنل

ukazovat
ښودل

tlačit
ټېله کول

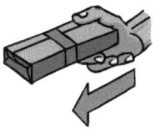

dát
ورکول

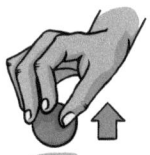

vzít si
اخيستل

mít

درلودل

dělat

کول

být

پاییدل

stát

ودریدل

běhat

منډي وهل

táhnout

راکښنل

hodit

کوزارل

padat

لویدل

ležet

څملاستل

čekat

انتظار کول

nosit

ورل

sedět

کښېناستل

oblékat

پوښاک اغوستل

spát

ویده کېدل

vzbudit se

پاڅېدل

prohlédnout si

کتل

plakat

ژړل

pohladit

بريد کول

česat

کـمنځ کول

hovořit

خبري کول

rozumět

پوهيدل

ptát se

غوښتل

slyšet

اوريدل

pít

څښل

jist

خورل

uklidit

پاکول

milovat

مينه کول

vařit

پخلی کول

jet

موټر چلول

letět

الوتل

plachtit

بیری چلول

počítat

حساب

číst

لوستل

učit se

زده کول

pracovat

کار کول

vzít si

واده کول

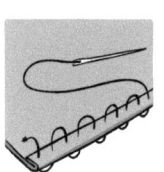

šít

ګندل

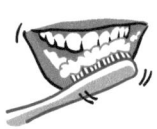

čistit si zuby

د غاښونو برس کول

zabít

وژل

kouřit

سکرت څښل

poslat

لیږل

rodina
کورنی

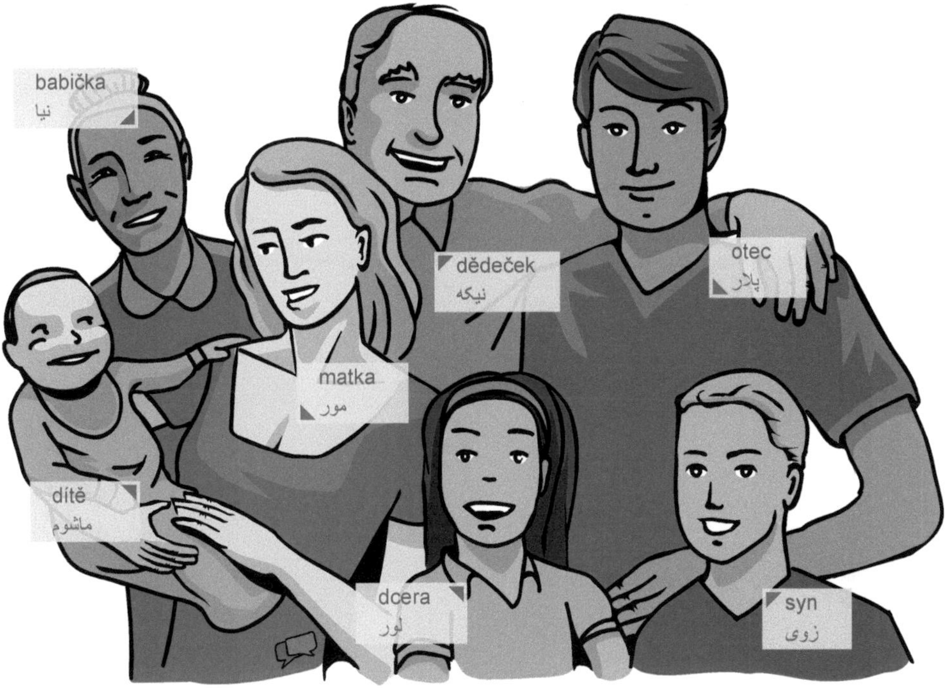
babička
نیا
dědeček
نیکه
otec
پلار
matka
مور
dítě
ماشوم
dcera
لور
syn
زوی

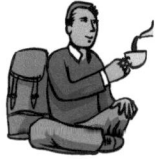

host

میلمه

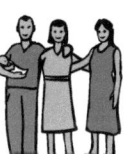

teta

ترور

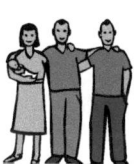

strýc

کاکا/ماما

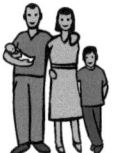

bratr

ورور

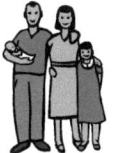

sestra

خور

tělo

بدن

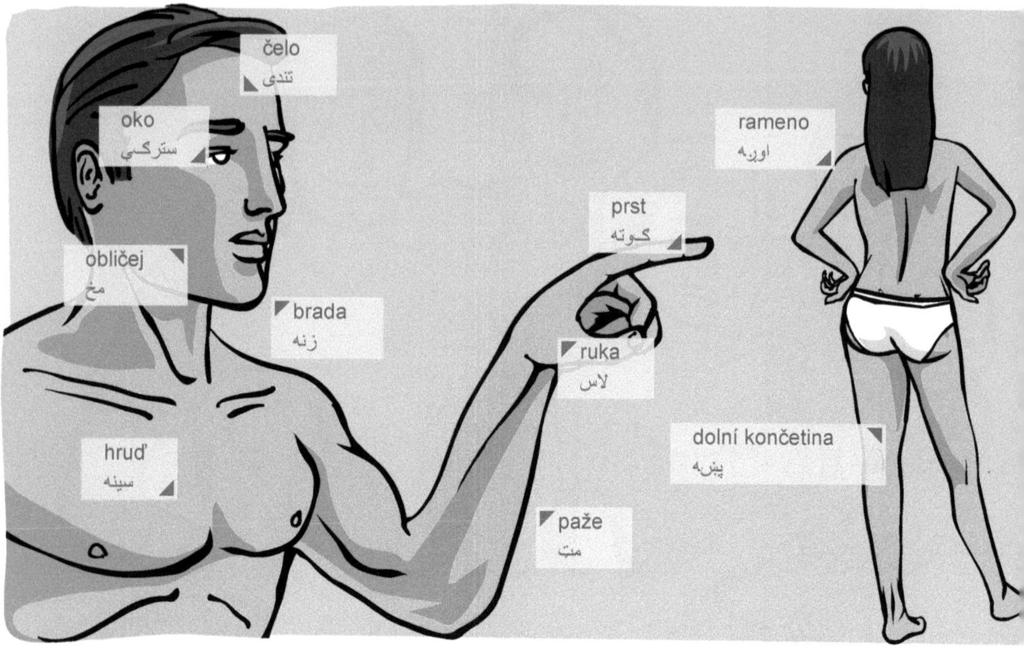

čelo
ټنډی

oko
سترګې

rameno
اوږه

prst
ګوته

obličej
مخ

brada
زنه

ruka
لاس

dolní končetina
پښه

hruď
سينه

paže
مټ

dítě

ماشوم

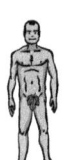

muž

سړی

žena

ښځه

dívka

انجلۍ

chlapec

هلک

hlava

سر

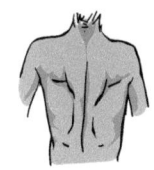

záda

شا

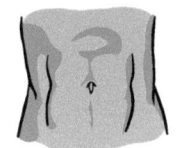

břicho

خیټـه

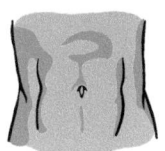

pupík

نوم

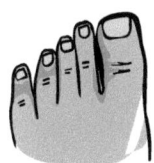

prst na noze

د پښـي گـوته

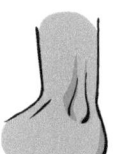

pata

پونده

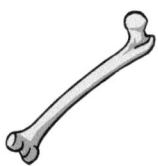

kost

هدوکی

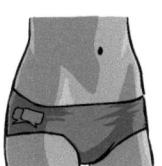

bok

کوناټـی

koleno

زنگـون

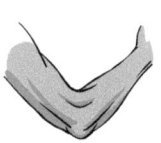

loket

څنگـل

nos

پوزه

zadek

لاندي برخه

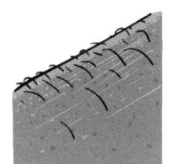

kůže

پوټـکی

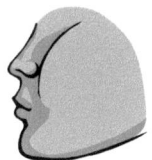

tvář

غومبوری

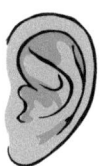

ucho

غوږ

ret

شونډه

ústa

خوله

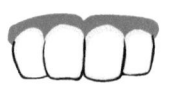

zub

غاښ

jazyk

ژبه

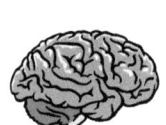

mozek

مغز

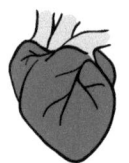

srdce

زړه

sval

عضله

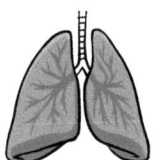

plíce

سږی

játra

ځيگر

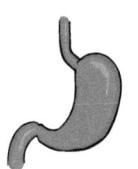

žaludek

معده

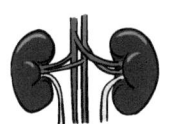

ledviny

پښتورگي

pohlavní styk

جنسي نژدی والی

kondom

کاندوم

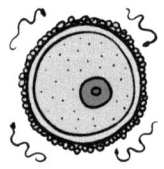

vajíčko

تخمه

sperma

مني

těhotenství

حمل

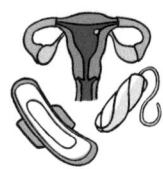

menstruace

حيض

vagina

مهبل

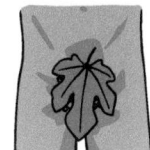

penis

د نارينه تناسلي آله

obočí

وروخی

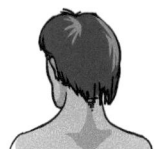

vlasy

ويښته

krk

غاړه

nemocnice
روغتون

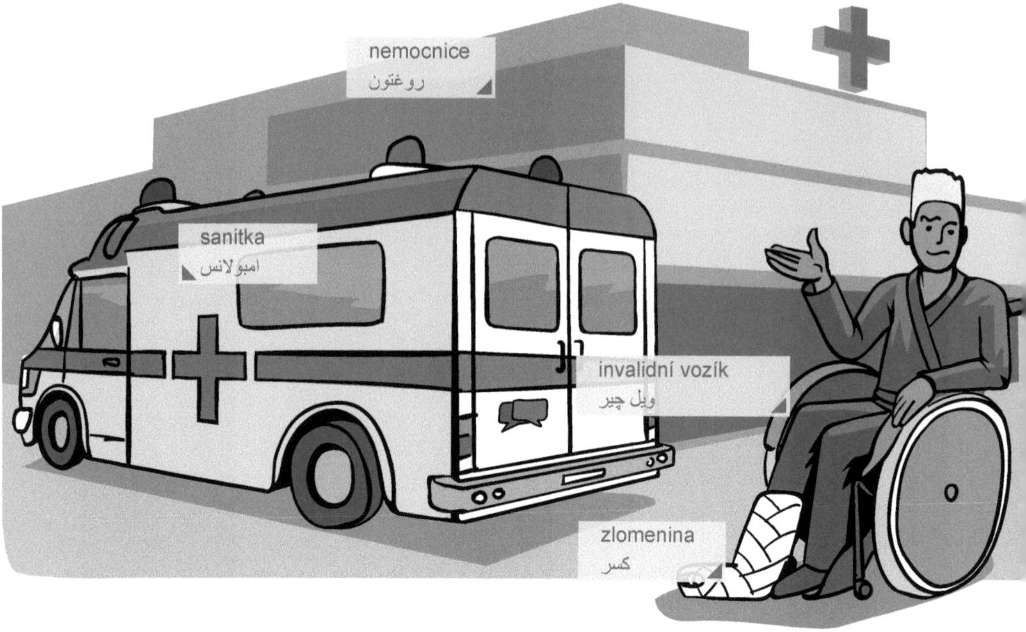

nemocnice
روغتون
sanitka
امبولانس
invalidní vozík
ویل چیر
zlomenina
کسر

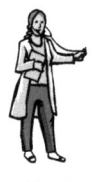

lékař

ډاکټر

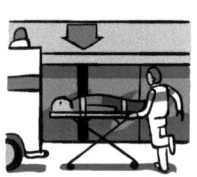

pohotovost

عاجل خونه

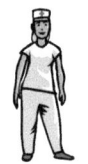

zdravotní sestra

رنځورپال

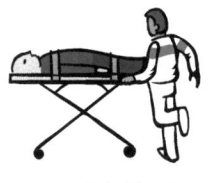

urgentní případ

عاجل

v bezvědomí

بې هوش

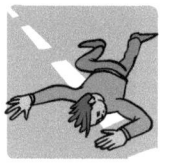

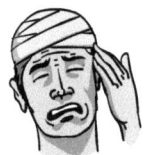

bolest

درد

úraz

پټ

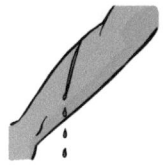

krvácení

وینه تویدل

infarkt myokardu

د زړه حمله

cévní mozková příhoda

ضرب

alergie

حساسيت

kašel

توخی

horečka

تبه

chřipka

انفلوينزا

průjem

نس ناستی

bolest hlavy

سر درد

rakovina

سرطان

cukrovka

شکر

chirurg

جراح

skalpel

سکالپل

operace

عمليات

CT

سيديتي

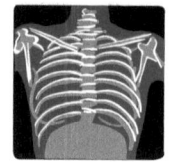

rentgen

ايكس رى

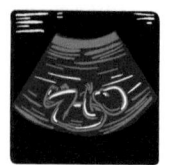

ultrazvuk

التراساوند

maska

د مخ ماسک

nemoc

ناروغي

čekárna

انتظار خونه

berle

آسما

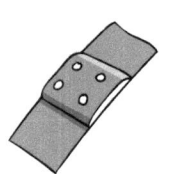

náplast

پلستر

obvaz

بنداژ

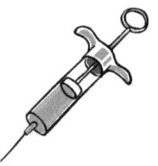

injekce

تزريق

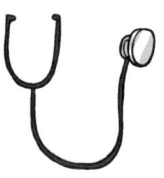

stetoskop

ستأتسكوپ

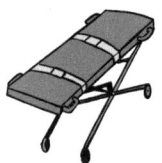

nosítka

تسكيره

teploměr

كلينكي ترماميتر

porod

زيرون

nadváha

زيات وزن

naslouchátko

د اوريدو مرسته

dezinfekční prostředek

د عفونيت څخه پاکونکي مواد

infekce

عفونيت

virus

ويروس

HIV / AIDS

ایچ.آی.وی/ایدز

lékařství

درمل

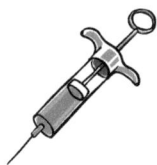

očkování

واکسين

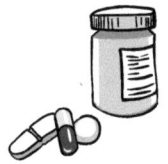

tablety

ټابلیټـس

pilulka

ګولۍ

tísňové volání

عاجل تليفون

tonometr

د وینې د فشار څارونکی

nemocný / zdravý

ناروغ/روغ

Pomoc!

مرستــه!

poplach

الارم

přepadení

يرغل

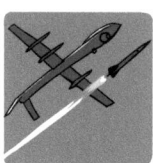

napadení

بريد

nebezpečí

خطر

nouzový východ

عاجل لاره

Hoří!

اور!

hasicí přístroj

د اور وژونکی

nehoda

پيښـه

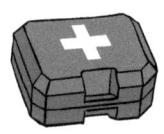

zdravotnická brašna

د لومړی مرستۍ لوازم

SOS

ايس.او.ايس

policie

پوليس

Evropa

اروپا

Severní Amerika

شمالي امريکا

Jižní Amerika

سهيلي امريکا

Afrika

افريقا

Asie

آسيا

Austrálie

أستريليا

Atlantik

اتلانتيک

Pacifik

پاسيفيک

Indický oceán

د هند بحر

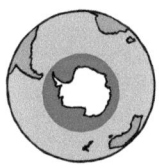

Jižní ledový oceán

جنوبي منجمد بحر

Severní ledový oceán

د شمال قطب بحر

severní pól

شمالي قطب

jižní pól

سهيلي قطب

Antarktida

انتارکتیکا

země

خُمکه

pevnina

خُمکه

moře

بحر

ostrov

ټاپو

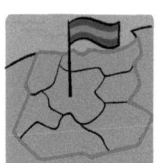

národ

ملت

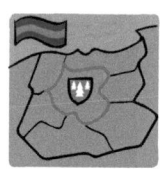

stát

دولت

ciferník

د مخي ساعت

hodinová ručička

د ساعت ستنه

minutová ručička

د دقیقي ستنه

vteřinová ručička

د ثانیی ستنه

Kolik je hodin?

څه وخت دی؟

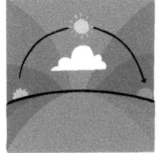

den

ورځ

čas

وخت

teď

اوس

digitální hodinky

ډیجیتل ساعت

minuta

دقیقه

hodina

ساعت

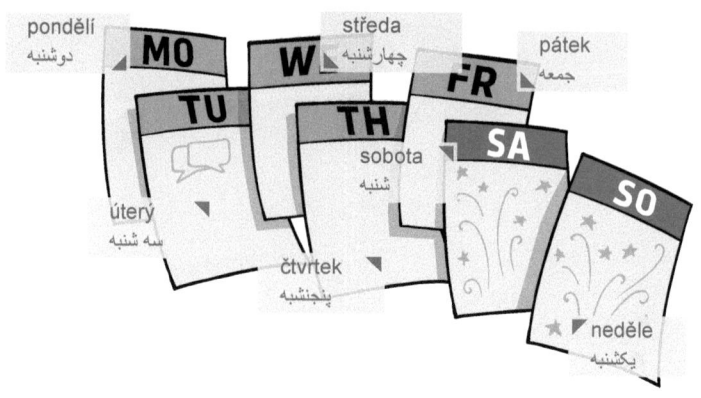

pondělí
دوشنبه

středa
چهارشنبه

pátek
جمعه

úterý
سه شنبه

čtvrtek
پنجشنبه

sobota
شنبه

neděle
یکشنبه

včera
....
پرون

dnes
....
نن

zítra
....
سبا

ráno
....
سهار

poledne
....
غرمه

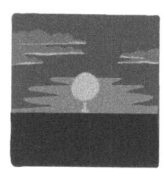

večer
....
ماښام

MO	TU	WE	TH	FR	SA	SU
1	2	3	4	5	6	7
8	9	10	11	12	13	14
15	16	17	18	19	20	21
22	23	24	25	26	27	28
29	30	31	1	2	3	4

pracovní dny
....
کاري ورځي

MO	TU	WE	TH	FR	SA	SU
1	2	3	4	5	6	7
8	9	10	11	12	13	14
15	16	17	18	19	20	21
22	23	24	25	26	27	28
29	30	31	1	2	3	4

víkend
....
د اونۍ پای

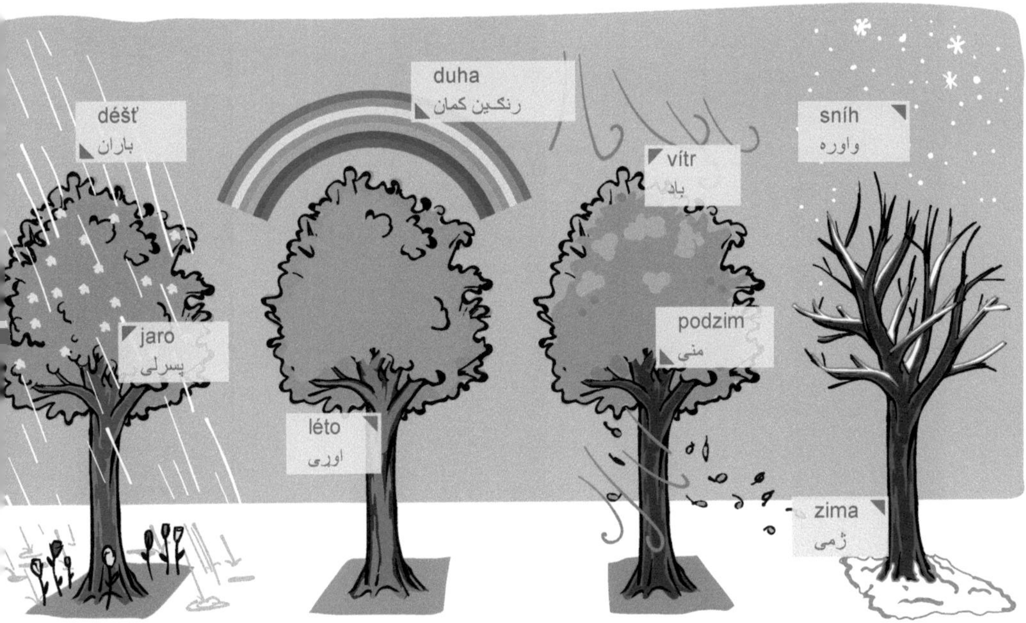

déšť
باران
duha
رنګین کمان
vítr
باد
sníh
واوره
jaro
پسرلی
léto
اوړی
podzim
منی
zima
ژمی

4.APRIL 11°
5.APRIL 4°
6.APRIL 13°
7.APRIL 8°
8.APRIL 10°

předpověď počasí

د موسم وړاندوینه

F C
120 40
90 30
60 20
30 10
0 0
-30 -10
-20

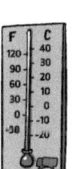

teploměr

ترمومیټر

sluneční svit

د لمر وړانګې

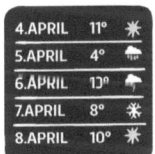

mrak

وریځ

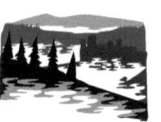

mlha

لړه

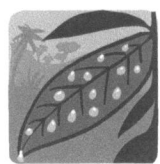

vlhkost

رطوبت

blesk

رڼا

hrom

تندر

bouřka

توفان

kroupy

ږلۍ وريدل

monzun

مون سون باران

povodeň

سيلاب

led

يخ

leden

جنوري

únor

فبروري

březen

مارچ

duben

اپريل

květen

مى

červen

جون

červenec

جولای

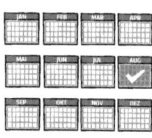

srpen

اګست

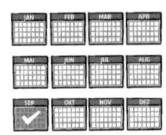

září
....
سپتمبر

říjen
....
اکتوبر

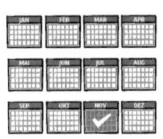

listopad
....
نومبر

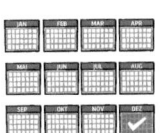

prosinec
....
دسمبر

tvary
شکلونه

kruh
....
دایره

čtverec
....
مربع

obdélník
....
مستطیل

trojúhelník
....
مثلث

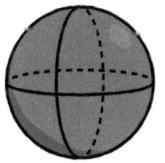

koule
....
توپ

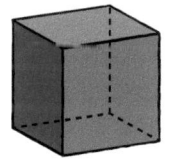

krychle
....
فال

bílá

سپین

žlutá

ژیر

oranžová

نارنجي

růžová

گلابي

červená

سور

fialová

ارغواني

modrá

نیلي

zelená

شین

hnědá

نسواري

šedá

خر

černá

تور

hodně / málo

خورا ډير/خورا لږ

rozzuřený / mírumilovný

قار/ارام

krásný / ošklivý

ښکلی/بدشکله

začátek / konec

پيل/پای

velký / malý

لوی/کوچنی

světlý / tmavý

روښانه/تياره

bratr / sestra

ورور/خور

čistý / špinavý

پاک/ککر

úplný / neúplný

مکمل/نامکمل

den / noc

ورځ/شپه

mrtvý / živý

مړ/ژوندی

široký / úzký

پراخه/نری

jedlý / nejedlý

د خوراک وړ/نه خوړل کیدونکی

zlý / hodný

بد/مهربان

vzrušený / znuděný

پاریدلی/بی خونده

tlustý / hubený

چاق/لاغر

nejdříve / naposledy

لومړی/وروستی

přítel / nepřítel

ملګری/دښمن

plný / prázdný

ډک/تش

tvrdý / měkký

سخت/نرم

těžký / lehký

درون/سپک

hlad / žízeň

لوږه/تنده

nemocný / zdravý

ناروغ/روغ

ilegální / legální

غیرقانوني/قانوني

inteligentní / hloupý

هوښیار/ساده

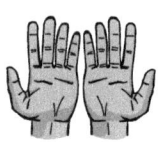

vlevo / vpravo

کین/ښی

blízko / daleko

نزدی
ب/لری

nový / použitý

نوىد/زوړ

nic / něco

هىڅ/ايوڅه

starý / mladý

بډا/ځوان

zapnutý / vypnutý

چالان/بند

otevřeno / zavřeno

خلاصد/ترلى

tichý / hlasitý

غلى/لور غږ

bohatý / chudý

بډايه/غريب

správný / špatný

صحيح/غلط

drsný / hladký

زبر/ملايم

smutný / šťastný

خفه/خوښ

krátký / dlouhý

لنډ/اورږد

pomalý / rychlý

سست/گرندى

vlhký / suchý

لوند/وچ

teplý / chladný

ګرم/يخ

válka / mír

جگړه/سوله

0

nula

صفر

1

jedna

يو

2

dva

دوه

3

tři

دری

4

čtyři

څلور

5

pět

پنځه

6

šest

شپږ

7

sedm

اوه

8

osm

اته

9

devět

نهه

10

deset

لس

11

jedenáct

يولس

12
dvanáct

دولس

13
třináct

ديارلس

14
čtrnáct

څوارلس

15
patnáct

پنځلس

16
šestnáct

شپاړس

17
sedmnáct

اوولس

18
osmnáct

اتلس

19
devatenáct

نولس

20
dvacet

شل

100
sto

سل

1.000
tisíc

زر

1.000.000
milion

ميليون

angličtina

انگلسي

americká angličtina

امریکایی انگلسي

standardní čínština

چینایی مندرین

hindština

هندي

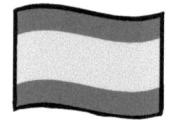

španělština

هسپانوي

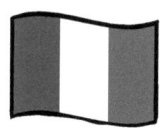

francouzština

فرانسوي

arabština

عربي

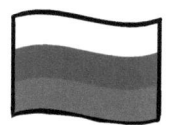

ruština

روسي

portugalština

پرتگالي

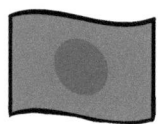

bengálština

بنكالي

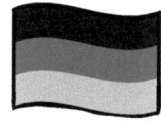

němčina

آلماني

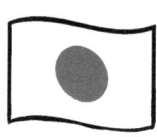

japonština

جاپاني

já

زه

ty

ته

on / ona / ono

هغه/دغه/دا

my

موږ

vy

تاسي

oni

دوی/هغوی

Kdo?

څوک؟

Co?

څه؟

Jak?

څنګه؟

Kde?

چيری؟

Kdy?

کله؟

jméno

نوم

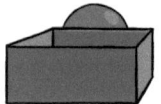

za

ښاته

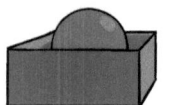

do

پـه

z

په مخه کې

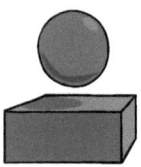

nad

باندي

na

پـه

mezi

لاندي

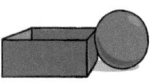

vedle

برسيره پر

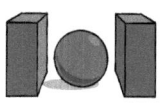

mezi

ترمينځ

místo

ځای